I0781433

Impressioni

MARTA INCARNATO

Copyright © 2022 Marta Incarnato

Tutti i diritti riservati.

Ci si dimentica di guardare verso l'alto, là dove si trovano la luce, la bellezza e tutto ciò che può dare uno slancio alla nostra anima, spingendola a scoprire i mezzi per superare le difficoltà e ringraziare il cielo.

Il dovere di essere felici - Omraam Mikhaël Aïvanov

L'incombenza delle cose che trascinano
dall'altra parte
Il fuori che accende i riflettori e si spinge nel
dentro
lasciandogli solo lo spazio per respirare appena.
C'è sempre quella volontà di tagliare i fili che
pesano sulle spalle.
La volontà di equilibrare ogni istinto
per arrivare alla completa pace,
a quella leggerezza, non superficiale, con cui si è
in grado di mettere un freno alla lotta tra gli
opposti.
Lo spiraglio di luce che si accende nel momento
in cui si smette di essere nemici di sé.
Quando non si è più stanchi per ciò che accade
ma semplicemente lo si lascia accadere,
senza divenirne la causa.
Perché esistono cose che vanno oltre di sé e che
sfuggono alla comprensione
Ed è bene lasciare che facciano il proprio corso.
Ogni cosa ha bisogno del suo tempo
Per esprimersi
Per maturare

Per dissociarsi
E andare via.
Senza distruggere, senza distorcere.
Lasciando solo ciò che serve per potersi
migliorare.

▲

Quando si è in pieno contatto con sé
Avvicinarsi all'altro diviene quasi una necessità. Si
riesce a percepire, nelle radici, l'energia
dell'intenzione.
Il nesso che lega i dettagli
Il filo che stringe i centri.
Orbite in collisione.

Unicità di corpi.

Perché esiste un principio empatico che smuove
le distanze
Come se forze spingessero per assestarsi.
Il corpo come conduttore
che rimanda fuori sensazioni di cui si è nutrito
per renderle ad altri.
Pure
Limpide.
Nella pienezza del loro peso
pur restando leggere nell'essenza.

Un ciclo senza fine.

▲

    Restare sospesi
sulla superficie del reale
per lasciar scivolare la gravità aggrappata alle
spalle.
Liberarsi da ogni strato superfluo,
svestirsi di ogni involucro
e cambiare pelle.
Mutando forma ma mantenendo integra l'essenza.
D'altronde è la materia a cambiare, non ciò che si
nasconde dentro.
Riuscire a distinguere il vero senso
E lasciare le sensazioni infrangersi tra le pareti
per avvolgersi e rimbalzare fuori di sé, come
frammenti
tesi ad essere recepiti.
Poter così mostrare dalle crepe
trasparenza.
Riflettere come uno specchio.
Senza più vuoti
senza più pesi
senza più buchi neri.
Impulsi che si muovono all'unisono
Sensi che si svelano.

E d'un tratto
le radici che si connettono alla terra.

▲

   L'elettricità che scorre
si espande
galleggia
aspettando di essere scambiata.
Come un filo conduttore che unisce due capi
opposti e li rende saldi
Intatti.
Movimenti, a volte perduti,
come dettagli sparsi tra le intensità delle onde, si
connettono di continuo,
in un vortice di calore che implode in una rete di
fragilità.

L'aria è carica

Si percepisce quell'istante
L'istante in cui sta per esplodere.
Quando tutto cambia
si colora
si apre
Come uno squarcio di sole in un cielo in
tempesta.
Si porta alla luce l'ombra interiore, la parte più

profonda,
pronta a mettersi in gioco.
A rimescolare gli equilibri
A farsi accettare per poter accettare.
Per poter essere in grado di guardare la sostanza
del reale e sprofondarne sin in dentro le ossa.
Come tuffarsi in un oceano e riuscire a respirare.

▲

   Ciò che resta
in un universo sconfinato
è un punto.
Ci sono momenti in cui contorni si fanno sfocati
I rumori ovattati
e l'unico suono percepito è il silenzio.
Quando l'intensità raggiunge l'apice e il confine
diventa sottile.

È tutto così labile.

La linea di separazione tra il vero e il surreale.
Il paradosso.
Come se l'esistenza avesse bisogno di camminare
perennemente sul filo tra le due realtà,
prendendone ogni volta una dose diversa.
E non esiste altro modo se non tornare a sé.
Guardarsi dentro.
Come un bisturi che fruga i punti deboli
per distendere ogni fibra e lasciare che affiori
l'essenza.
Respirare e sentire le energie che attraversano per
poi infrangersi nel centro.

Un punto è ciò che resta.
Sé.

▲

Tagliare i cordoni
Per ritrovarne dei nuovi
In fondo, già esistenti
Che si infilano
Aprono le porte ad un canale di sensazioni quasi
dissolte ma fin troppo resilienti.
Linee che scorrono
uniscono punti invisibili e si allungano toccando
riflettori spenti eppure così presenti.
Resta tutto lì nel nucleo.
In orbita.
Quasi come un pianeta che per resistere ha
bisogno di esistere.
E tutto ciò che sembrava aver avuto fine
si mostra come inizio

Non si perde mai nulla se ha significato

▲

Come una voragine
che si estende penetrando le radici
così tutto si allinea
chiarendo ogni dettaglio.
L'istante in cui le dinamiche si rivelano, lasciando
indietro ogni dubbio,
si apprende.
E sapere come funziona rende tutto più distante.
La verità è più forte di qualsiasi antidoto,
di qualsiasi cura.
Può salvare,
redimere.
Lo sforzo si trasforma in ricerca
e la via da percorrere si snoda come un groviglio
che si scioglie
diventando un unico filo connesso.
L'occhio si abitua a vedere
ed una volta superati certi limiti, non si può più
tornare indietro.
Non esistono più intrecci.
Niente più misteri.

▲

Il tempo scorre
impercettibile
Come una foglia che sfugge dal ramo.
Gli attimi si susseguono in un incastro di tasselli
in movimento
saturi di espressione.
Una spirale che si ricongiunge al centro
Ma allo stesso tempo si apre all'esterno,
si distorce
e prosegue.
Fa in modo che la mente possa vedere i
meccanismi plasmati nel mare profondo che è
l'essere
E li rende distanti.
Ciò che non è proprio lascia spazio al vero.
L'essenziale.

Il tempo corre

E lascia indietro ciò che non ha peso.

▲

Non oltre
la superficie
gravitando
senza sprofondare.
Come camminare
sospesi
su di un vetro sottile
ma non aver interesse nel guardare giù.
Nell'osservare il mondo che si nasconde dietro
ciò che è visibile.
La scelta più semplice,
Magari più sensata,
per non connettersi
per non sentire
per evitare di provare.
Eppure il vetro è così fragile,
trasparente.
Basta poco per rompersi
soprattutto se sotto sforzo.
Una piccola pressione e accade.
E quasi sempre risulta impercettibile.
La superficie si trasforma in sostanza tangibile.
Ma non tutti gli occhi sono pronti.

Bisogna avere clemenza
perché una volta aperta una crepa, il
percorso risulterà esistere già da sé.
E a quel punto basterà un passo.
Un passo
oltre.

▲

    Esistono odori senza tempo.
Profumi che si imprimono
in angoli della memoria
e restano.
Integri.
Intatti.
A volte si perdono nell'infinito vortice di sé e
sembrano sparire, all'ombra.
Fin quando non si scoprono e colpiscono dritto
allo stomaco, nel plesso solare, risvegliando zone
interiori e aprendo le porte a sensazioni vissute.
Le si accoglie
e ci si lascia cullare dalla loro dolcezza,
quasi come un abbraccio,
con tutta la forza della loro caducità. Penetrano,
mescolandosi al flusso sanguigno e
percorrendone il moto
per poi tornare a svanire
lentamente,
con la stessa forza con cui si erano insinuati. Così
impercettibili
ma al contempo eterni.
Ogni storia ha un suo profumo.

Senza tempo.

▲

Le onde trascinano
il riflesso di sensazioni.
Come una boa
che galleggia e si lascia trasportare dalla corrente.
L'essere si muove da un'increspatura all'altra
trovando, in ogni punto, un equilibrio diverso.
Quasi come un gioco di scacchi, si muove
secondo ordini imposti dall'inconscio
che cerca di arrivare a proprie risposte legandosi
a fili portati dalla marea.
E così continua a seguire un corso
per giungere a soluzioni inclini alla sua ricerca
che scendono sempre più.
Incontrano centri
in apparenza distanti
che si sovrappongono
pur restando individuali,
riuscendo a svelare ciò che si nascondeva nel
fondo.
E tutto si apre
a ciò che è
senza alcuna interruzione,
come un complesso unico.

L'individualità che conferma sempre più se stessa
per non perdere il proprio nucleo.
Forte e allo stesso tempo fragile.
Che nel suo scavare
trova connessione con il resto.

Un cordoncino spesso.

E ciò che sembrava distante
si mostra vicino.
Perché si è unici
ma in fondo
complementari
nelle reciproche esistenze.

INFORMAZIONI SULL'AUTORE

Marta Incarnato, classe '92, e una laurea in Ingegneria per l'Ambiente ed il Territorio, è un'appassionata di scrittura fin da quando era bambina. Ha sempre avuto particolare propensione per la lettura grazie alla sua notevole curiosità. Ha partecipato a due concorsi di scrittura al fine di creare dei compendi di racconti e in entrambi sono stati selezionati e pubblicati due dei suoi brani. Dal 2018 ha iniziato a partecipare a banchetti in festival della zona con libricini totalmente autoprodotti.
Il 2020 è stato un anno di svolta.
Ha cominciato un profondo lavoro di introspezione che la sta portando pian piano a comprendere i meccanismi della mente e quali sono le influenze esterne che agiscono dentro di sè. Alla continua ricerca interiore, il suo obiettivo è il raggiungimento di un'essenza priva di condizionamenti e libera di poter essere davvero.

www.ingramcontent.com/pod-product-compliance
Lightning Source LLC
Chambersburg PA
CBHW051409250726

48656CB00006B/2356